COLECCIÓN «LA FONTE»

AF276602

LUIS MIGUEL URIARTE DE LOS SANTOS

«AMAREXISTIR»

Abalizar senderos en la noche

FONTE
GRUPO EDITORIAL

© 2025 Luis Miguel Uriarte de los Santos
© 2025 Grupo Editorial Fonte
P. del Empecinado, 1; Apdo. 19 - 09080 - Burgos
Tfno.: 947 25 60 61

www.montecarmelo.com
www.grupoeditorialfonte.com
editorial@grupoeditorialfonte.com

ISBN: 978-84-10023-89-5
Depósito Legal: BU-86-2025

Impresión y encuadernación
Grupo Editorial Fonte - Burgos
Impreso en España. Printed in Spain

Dedico «Amarexistir»

a las personas que priorizan

en su vida el cuidado de los demás,

a los que no quieren dejar atrás a nadie

y siempre juzgan con benevolencia

las debilidades humanas.

A los que han elegido existir amando.

Prólogo

Si la poesía siempre es evocadora de trascendencia ¿qué decir de la poética de Luis Miguel Uriarte? ¿Como definir su poesía: ¿poesía religiosa, poesía mística…? Si sus libros anteriores son difíciles de definir o clasificar Amarexistir lo pone aún más difícil. El nuevo libro de Luis Miguel Uriarte se resiste a toda definición. Es un libro sobre el ser y la esencia profunda de lo que significa estar vivos, ser vivientes. Así nos lo narra en el poema que le da título: Amarexistir, sobre la forma de estar en el mundo como *respuesta a la palabra inefable,* como *voluntad de ternura apasionada, palabra viva, acto que siempre devuelve bondad, belleza, verdad.*

Amarexistir es el misterio que habla y dice, palabras que se desapropian, que nacen del necesario asombro y del silencio, de una humanidad abatida, pero preñada de divinidad y por tanto en *desajuste*, que espera el *Hágase* del encuentro. Palabras que se hacen conversación y abrazo, que piden interlocutor para *no nacer muertas.* Los poemas de Luis Miguel Uriarte nacen en el camino de la vida y de la mano del misterio y nos conducen a lo esencial: *estar con las víctimas de toda injusticia, violencia e inequidad* (…), porque *mi prójimo es mi cometido.* Sus poemas, como indica el título, abalizan senderos en la noche. Es decir, *sacan fuerza de la flaqueza y despejan el camino para otros, que es la forma en que la humanidad se enfrenta a lo inédito y a lo oscuro,* no sólo desde la supervivencia, sino desde el cuidado.

El libro es una aventura mistagógica que sumerge al lector o lectora en un abismo de amor y misterio, de soledad y de clamor, de comunión en el ser y participación con la trascendencia, a la vez que de anhelo de encuentro como plenitud de lo humano:

> Miro al horizonte,
> y comparto
> su misma esencia.
>
> ... ...
>
> El cosmos, lo humano,
> la misma esencia.
> El mismo ser.

Sus poemas nos invitan a estar con atención plena *donde vibra el amor* porque allá es donde *la vida suena*, y lo hace con fuerza, haciéndonos sentir que somos *fruto del todo* y *semilla de lo uno*. Un misterio de dignidad que sueña una humanidad erguida *enderezada por el evangelio*.

Adentrarnos en la lectura de Amarexistir es aventurarnos a hacer un viaje interior, atravesar el silencio y la espesura, porque como el autor expresa en uno de sus poemas: (...) *no siempre queremos más luz, ni vivir expuestos ni violentamente iluminados. A veces la realidad hace fundidos a negro para empezar de cero* (...). Es entonces también y pese a lo oscuro, cuando el *Misterio Innombrable* se nos ofrece como *latido originario empujándonos a atravesar el osado disfraz de lo velado e ir más allá de las formas*.

Amarexistir es un libro también sobre la belleza. La belleza del deseo y la búsqueda, porque: *No está en el ser de Dios buscarnos, sino encontrarnos y no está en el ser humano encontrarlo, sino buscarlo*. La búsqueda ya es participación en el Misterio y aliento de trascendencia

> Deseo de conocer: alas y viento.
> Deseo que acontece: sabiduría y piedad.
> Encuentros entre opuestos que no lo son.
> Acuerdos entre el ruido y el azar.

Adentrarnos en los poemas de Amarexistir es atravesar una experiencia espiritual. Dejarnos tocar por el fuego del Misterio de lo humano y lo divino como una unidad inseparable: (…) Porque *el espíritu sopla libre y nos incendia por dentro* y el desafío es *atrevernos a no elegir el cómodo pasar ni quedarnos en la forma que seduce a los sentidos, pero no trasciende.* Porque *somos palabras en el viento/ Símbolo y signo: Encarnación/ Espacio, tiempo, ser.*

La experiencia de la lectura de este libro nos mueve y conmueve a un nuevo modo de vivir la existencia: Amarexistir, como un darse, gastarse, luchar por la dignidad absoluta e innegociable de la humanidad entera, pero no como fruto de un heroísmo narcisista o autoexigente, sino de haber sido empapado por la lluvia del Misterio:

Llueve Dios
Y me empapa.
Sudo hombre
y riego el Misterio
Soy Espíritu en carne viva
Soy materia sagrada
No hay Dios
Sin Ser humano
No hay ser humano
Sin Dios

Sumerjámonos en los adentros de Amarexistir, no quedaremos decepcionados sino transformados.

Pepa Torres Pérez

A LA VEZ QUE NOS COBIJA
NOS COMPROMETE: AMAREXISTIR

El sonido escucha lo que la mirada vio, antes aun fue la mano posada sobre la tierra humedecida. Mi piel sobre la piel del mundo: textura densa, áspera, desigual. Olor que transforma mi nariz en una boca ávida de sabores y fragancias que siempre estuvieron allí.

Los sentidos, entreverados e indistintos, me devuelven al punto donde el caos busca un narrador. Necesito de todos ellos para afrontar un camino siempre imperfecto, una génesis concreta y material que madura lentamente en espacio, tiempo y transcendencia. Un migrar al interior de lo más extravertido del momento. Una exterioridad a recorrer en su íntima y profunda libertad.

Intuición y consciencia. Prodigio y asombro. Reflexión y acto. Provisiones de una mochila que apenas pesa. Una crisálida de plata en un capullo que esconde un mundo a punto de eclosionar.

En mi ignorancia me dije ¡adelante! (sin entender todavía que avanzar no me llevaría a ninguna parte pues estaba en el único lugar que me correspondía por linaje).

Entonces, lo supe: era la Vida viviéndose a sí misma, viviéndonos. La metamorfosis callada de un ayer preñado de ulteriores mañanas. Y yo podía contar un instante efímero de la gran historia, un instante seminal que me afectaba, pero no solo a mí.

Nuevos lenguajes surgían balbuceantes. Cerebro y corazón aprendiendo como un niño las primeras palabras, las prístinas intuiciones, los relatos ancestrales, incipientes emociones a sentir.

El yo apareció sin llamarlo, pero fue el tú quien vino a buscarme. Me encontró desnudo pese a que la soledad ya no me perteneciese por completo.

Me desconcertó reflejarme en un espejo y descubrir en mí el rostro de los demás: compañera, desconocido, hermana, amigo, cómplice…

Sí, lo supe. Era culpable antes de perpetrar el delito que ansiaba cometer: asaltar sus sueños, reinventarlos, vivirlos, regurgitarlos. Un vértigo de rostros interpelándome. Un empuje de máxima energía y obligada quietud.

Vivir en los otros, con los otros, para los otros: espejo y vasija, nudo y red, mi ser en absoluta relación con el Ser. Compartido.

Despertar a una realidad trina (expresada en el sabio símbolo del Padre, del Hijo y del Espíritu), un religarse abierto y ecuménico, un vínculo entre asimetrías en un equilibrio imposible, perfecto.

Estoy dispuesto a contarlo sin ideas preconcebidas, con las ganas intactas y la emoción de la primera vez. Otra cosa no quiero, no sabría hacer.

Espero que sea signo suficiente del Misterio tenebrosamente luminoso, inaugural; aquello que únicamente puede ser reconocido en la huella simbólica de la historia y el deseo (esa capa con la que recubrimos la realidad para entenderla y transformarla). Misterio fundante y significante… hay quien lo llama Dios.

Un horizonte común, de peregrinos forjados en su propio viaje, ambicionando comunicarse en su inocencia rebelde, no solo para sobrevivir sino para recrear el mundo: «AMAREXISTIR».

Un neologismo para afrontar el desafío del más azaroso y valioso recorrido, y sostenerme, en su armonía firme y retadora, ante cualquier obstáculo o abismo.

Una palabra cosida a la materialidad múltiple del camino: sea este viable o imposible, diverso o sencillo; paralelo, ubicuo, mundano o místico. Laberíntico en todo caso, tramado de luces y penumbras, de velados conocimientos, de orden y caos, de voces y susurros, de incertidumbre y certeza.

La existencia tiene una extraña manera de amar.

A la vez que nos cobija, nos compromete:

AMAREXISTIR... ... ...

La divinidad que somos nos viene dada,
nuestra humanidad nos la hemos de ganar.

LO MENOS MÍO QUE TENGO

Mi poesía es tan poco original.
Nada hay en ella enteramente mío.

Siempre viene religada...

a la Humanidad
que comparte conmigo
afanes y recorridos,

a la Naturaleza
que me regala su esplendor
sin condiciones,

a la Cultura
que me mejora
con alguna condición,

al Misterio,
el Sí incondicional que me llama
a ser y a seguir siendo.

Mi poesía es, no me engaño,
lo menos mío que tengo.

CITÁNDOSE CON EL AMOR

A nuestro
través
el Espíritu
se encuentra
con el Amor.

Es conversación
entre Él-Ella
y el Hijo Humanidad.
Es la respuesta esencial
entre T(t)ú y y(Y)o.

Y dice ¡ven!
La llamada definitiva,
el reclamo inapelable.
Citación primigenia,
incondicional: Don.

Y dice ¡estoy!
El verbo único,
imperativo.
Urgencia íntima
entre el amado y el amor.

TRIDUO PASCUAL
(SANTOS Y TRAIDORES)

Avancemos por este Triduo
de santos y traidores,
de dudas y certezas,
de «¿Por qué?» y «Hágase en mí».

Avancemos,
con nuestra humana voluntad
tantas veces abatida.

Desde esa prístina gota
exuberante de Vida,
preñada por el aliento vigoroso
de la primera Palabra pronunciada.

La que no debe decirse
si no es para voltear el mundo
dejándonos desnudos y al azar.

Hermosa Pascua
que nos zarandea
vivificando lo rancio,
reparando lo roto.

Promesa cumplida.
Luz que un día no necesitará
lo obscuro para brillar.

AQUÍ ESTARÁ NUESTRA CASA

Estamos habitados por la plenitud de Dios.
Él lo llena todo… y aún no.

Vivimos en ese desajuste:
un tiempo de duda, espera y confianza.

Hasta la restauración de lo pequeño
aquí estará nuestra casa.

Del Universo sube hasta Dios
la única legítima plegaria:

un «hágase en mí» humilde y audaz,
una alabanza de estrépito y silencio.

NO EXISTE DIOS FUERA
SIN DIOS INTERIOR

No hay espacio o momento sin gratuidad ni don.

Pero en el fondo, no acabo de creerlo.
Sigo midiendo pasos esforzados,
kilómetros baldíos, tesones imposibles.
Lucho contra el tiempo calmo de vivirme,
contra los afanes más amables y simples.
Me niego a reconocer dónde estoy realmente,
a descubrir qué me queda y qué se lleva
esta geometría forjadora de la existencia.

No hay encuentro sin pasmo ni conmoción.

Y, sin embargo, sigo en la rutina de la norma.
Leyendo como autómata religioso los libros sagrados.
Defendiendo anacrónicas doctrinas de dudosa
                                    [aplicación,
insulsas recetas de autoayuda, el último
                    [y más flamante «post».
Me esfuerzo en vivir tan fácil que acabo vacío y
                                    [desubicado,
al margen de cualquier cosa que me hiciera mejor:
la misericordia, la riqueza interior, superar el ego,
cuidar de los demás, mirar lejos y adentro… volar.

No existe Dios fuera sin Dios interior.

DE VIERNES SANTO
A DOMINGO DE RESURRECCIÓN

El silencio se lo ha llevado
TODO.
El silencio ha roto el ensueño
de seguir VIVIENDO.
El silencio es siempre ese
VIERNES.

La muerte se ha quedado con
TODO.
La muerte ha vencido al ensueño
de seguir VIVIENDO.
La muerte es para siempre ese
VIERNES.

No hay salvación en
VIERNES.
No hay resurrección el
VIERNES.
En ese VIERNES solo hay
(algo de) ESPERANZA.

Y solo (algo de) ESPERANZA
puede llevarnos
de esa NOCHE a la otra:

la de PASCUA.
Y en esa NOCHE
sí, solo la LUZ es posible.

Solo la VIDA es posible.
Solo la VIDA tiene futuro.
Solo la VIDA nos espera.

Ya están las velas ENCENDIDAS.
Ya no estamos perdidos.
Ya HEMOS LLEGADO.

*De ese niño – semilla, creció
una luz que iluminó el mundo.*

NAVIDADES 2020
(PAISAJES INTERIORES)

No pude encender el árbol de Navidad
con mi botella achispada de Zacapa.
No pude escuchar villancicos
en mi vieja radio de mazapán.

Fabriqué un belén de chocolate blanco
y pasé, entre sus figuritas,
las más raras felices Navidades
que pudiera haber imaginado.

No solo Él...
todos nacimos
en esa ciudad de cuevas
en que devino el nuevo Belén.

LA SEMILLA

De la semilla de lo divino
floreció la Vida.

La semilla
revelaba un Misterio:

la acción invisible
de un insólito sembrador

tan enamorado de su fruto
que, madurándolo, lo transcendió.

¿YA ES NAVIDAD?

¿Ya es Navidad?
¿El tiempo para frivolizar acerca de un niño
nacido de una virgen bajo una estrella fugaz?

¿El de las mitologías superventas sin alma?
¿El de los mensajes amables y de fácil consumo?
¿El de fiestas atadas a una repetición implacable
[y anual?

¿La Navidad de la alegría a plazo y lugar fijo?
¿De celebraciones con deslumbrantes luces
[encendidas
que ocultan la senda hacia una genuina solidaridad?

¿El eterno retorno de emociones banales?
¿De compras, comidas y vanos objetivos?
¿De forzados o voluntariosos deseos de paz?

¿O no? Y...
escondida bajo capas de simpleza y rutina
sí, ya es Navidad. La Navidad de Jesús:

Receptor de las promesas, bendición de Dios,
nacido pobre en un pueblucho galileo,
que maduró sus intuiciones en familia y vecindad.

El que se hizo preguntas que nadie antes se hizo,
que sintió en Él lo divino,
como Hijo amado de un Dios – Abbá.

Dios que ya no era zarza ardiente
ni nube lejana en el cielo
ni Ley en el templo ni sacrificio en ningún altar.

Dios que cuida a las personas con cariño de Madre,
que las ama sin condiciones, porque sí,
porque es Dios – Amor, Dios del amar.

Navidad de quien se arriesgó con un mensaje
                                        [valiente
de hermanos y hermanas iguales y libres,
de justicia y compasión, de libertad.

Navidad que revela que Dios – Pesebre,
Dios – Patera, Dios – Sin casa, nos amó,
nos ama y siempre nos va a amar.

Que anunció la mejor de las noticias por
                            [polvorientos caminos,
compartiéndola con los más pobres, los heridos
                                        [por la vida,
los dejados al margen, los que parecen no estar.

La Navidad de quien acabó condenado, muerto y
[sepultado,
y la de quienes entonces le siguieron contra toda
[lógica
y ahora guardan en el corazón su luz y su mensaje
[de paz.

La del Dios Ser Humano,
esperanza y garantía de Vida Plena
«para toda la gente de buena voluntad».

La Navidad del Dios encarnado,
del Hombre resucitado,
que quiere que lo amemos amando a los demás.

La que se celebra no desde hace dos mil años,
sino desde que el puro Amor quiso salir de Sí
y se enamoró de su criatura (¿qué otra cosa cabría
[esperar?):

ese ser de raíces hacia el suelo y ramas a las alturas
que, de repente, contemplaba el Misterio
con asombro, confianza y en entera fragilidad.

¿Ya es Navidad?
Sí. Vuelve la mirada al niño, déjate encender tu
[estrella interior
y proclama a voz en grito: ¡ha nacido la Luz,
[ya es Navidad!

¿ME DEJAS UN SITIO?
(LA ESPERANZA EN LO PEQUEÑO)

¿Me dejas un sitio?
Mas no al lado del que hace gachas o se calienta al
[fuego.
Ni con la vendedora, el artesano o el herrero.
Ni entre cerdos, gallinas, perros o camellos
ni a la sombra de las pocas palmeras del sendero.

¿Me dejas un sitio?
Mas no en la gruta de los insomnes pastores.
Ni junto al posadero de larga barba y corta
[humanidad.
Ni entre José y María: aquel hombre, aquella mujer
con tan trabajosas vidas como buena voluntad.

¿Me dejas un sitio?
Mas no en el río donde beben los peces.
Ni junto a las atareadas lavanderas.
Ni entre la madre pata y sus patitos en formación
ni en la fuente donde se llenan los jarros y las
[cántaras.

¿Me dejas un sitio?
Mas no en el portal entre el buey y la mula.
Ni junto a quienes traían de Oriente preguntas y
[regalos.

Ni entre los que nada tenían y se acercaban
ofreciendo sus pocas cosas, sus medios de vida.

¿Me dejas un sitio?
Mas no en el corcho guardado de un año para otro.
Ni tras la estrella de papel de plata que señala
al Misterio del niño Dios naciendo y alumbra
para que, al mirarte, tú me reconozcas.

¿Me dejas un sitio?
Y sí: en eso tan simple, industrial, casi clandestino,
como el verde e incómodo serrín que siempre
                                        [queda
adherido a mis dedos de modesto y fiel operario
                                        [belenista.
Para que así, un año más, celebre la Esperanza en lo
                                        [pequeño.

El ser humano creó a Dios
como camino para llegar a Él.

¿Y SI...?

Ernst Bloch: «el génesis está al final y no al principio»

¿Y si el Misterio no es una pregunta sin respuesta?

¿Y si el Misterio es la respuesta que busca preguntas?

¿Y si Dios no estuviera al principio sino al final?

¿Y si Dios se fuera haciendo haciéndonos?

¿Y si la Creación no se dio si no que se va dando?

¿Y si la Creación está creando al propio Creador?

NO ES UN APRISCO LO QUE NECESITAMOS

No es un aprisco lo que necesitamos,
ni sacrificios ni cayados ni perros
ni siquiera bienintencionados pastores:
solo un Reino de iguales.

Cuando todos los colores del espectro
se desplacen hacia el rojo de la vida,
no será solo tu sangre lo que encontremos
sino tu boca, tu aliento, tu límpido costado.

Y CON ÉL, AL SER HUMANO

Mientras el relato engendra
realidades que tal vez fueron,

el mito concibe
historias que siempre serán.

La Matriz que parió
el pasado de todo lo que existe

liberó de las eternas tinieblas
al Espíritu primordial.

Y con Él, al ser humano
(símbolo de un mundo recién fecundado)

que advirtió su vigor en aquella luz liberadora,
agotando las más íntimas y temibles oscuridades.

Densidad, amplitud y hondón
guardan desde entonces el Secreto:

la infinita Sabiduría del Demiurgo
que se imaginó a Sí mismo como regalo de Amor.

QUE NOS LLEVA A TI

Jn 14: 6 «Yo soy el Camino, la Verdad y la Vida»

¿Cómo sería la existencia
si el ser humano pudiera
recorrer el camino de Tu mano?
De Tu mano (y quiero que lo entiendas):
Tú con nosotros, aquí, a nuestro lado;
física y química, sí; biología, ¡contacto!
No hablo de revelaciones
ni anhelos de felicidad
grabados en el ADN del alma.
Me digo que vivir sería mejor
contigo agarrados de la mano
(¡y sé que me equivoco!)
Las dudas azarosas y romas,
las certezas afiladas; ambas
clavándose rencorosas en la Verdad.

Únicamente Tú
estás al cuidado de Todo
(también eso lo sé
pero ¿qué es Todo?).
Solo me pregunto si la vida no sería
mejor si Tú nos llevases de la mano.

Pero te inventamos Dios.
Te trajimos al mundo.

Fue la manera
tan humana,
tan conmovedora,

para transitar el Camino:
esa ruta (única) que nos conduce… a Ti.

PAPANUESTRO

Jesús siempre estaba
atento a la presencia
de su Padre amado.

«Papá-Abbá» lo llamaba
y todavía nos siguen
conmoviendo sus palabras.

Jesús, partido
y compartido:
donado

para que viviéramos
su plenitud
en filiación sagrada.

Somos duros
de mente y corazón
y se nos olvida.

Pero Él, paciente,
una y otra vez
nos lo recuerda

en cada papanuestro
que rezamos tal
como Él nos enseñó.

AQUÍ

Más allá
del tiempo
te seguiré
buscando.

Y mientras,
al encuentro
saldré
de mis hermanos

para ser
eternidad
también
aquí.

Una persona sin compasión…
no es una persona.

DIJO

Dijo

«Dios nos ama»
y nos enseñó
a confiar,
a ser fuertes
y libres,
a ser dignos,
a amar.

Dijo

«¡seguidme!»
y nos guio
a lo esencial.
Estar con las víctimas
de toda injusticia,
violencia,
inequidad.

Dijo

«Yo soy
la Vida,

la Verdad,

el Camino».

Y nos dio una vida plena,

una verdad inspiradora,

un camino hacia una nueva Humanidad.

ABALIZAR SENDEROS EN LA NOCHE

Abalizar senderos en la noche
es lo que las personas hacemos
para sacar fuerzas de flaqueza.

Iluminar a quienes nos acompañan,
no como lámpara para lucir o relumbrar
sino como vela encendida.

Despejar el camino para otras.
Mostrárselo en las condiciones adversas
que la oscuridad y la extrañeza siempre imponen.
Buscar encuentros ahí donde nos ubiquen exigencia
[o azar.

Abalizar senderos en la noche
es la forma en que la Humanidad
se enfrenta a lo inédito y a lo oscuro.

La luz es la esencia de lo que somos.
Nos queremos porque nos vemos.
La mirada como emoción perfecta
desde corazones anhelantes de fraternidad.

Abalizar senderos en la noche
no solo responde a una lucha común por la
                                  [supervivencia
sino a la necesidad básica de cuidarnos,
                  [de entregarse, de mejorar.

ÉL ME HACE DIGNO

Ante el Pantócrator,
postrado, de rodillas...

No es mi Dios
y me pongo en pie.

Voy entonces hacia Jesús
enderezado por su Evangelio:

Él me hace digno.

ROSTRO ÚNICO DE DIOS

No somos Dios (¡Dios nos libre!)
y el mundo está por hacer.

La tarea: inacabada.
Somos espacio y
somos tiempo a la vez.

Imagen y semejanza,
misterio y oscuridad,
carne y mente del Amor.

De Él sus manos, su cabeza,
su empeño, su corazón.

Ayudar a Dios (¡Dios nos ayude!),
en el camino hacia el Ser.

Ayudar a Dios
aunque nos cueste
entender.

Ayudar a Dios
cuidando lo más valioso
de nuestra casa común:

las personas, solas, concretas,
radiantes o tal vez sin luz.

Ser en Dios (¡Ay Dios mío!)
nos da presencia y sentido.

Ser en Dios
sin saber lo que somos
o lo que fuimos.

Creados
(alma y materia)
por turbulencias de amor.

Seres humanos con rostro:
rostro único de Dios.

1 Cor 3,9: «Porque somos colaboradores con Dios».

ÁNGELES SABIOS

Hoy no hay galletas de desayuno
ni mermelada dulce
ni un café que despierte ilusiones.
Aun así, he desayunado.

Hoy me he despertado
aturdido por sucesos que no había elegido,
entre cables, sábanas y monitores.
Aun así, quiero luchar por mi derecho a ser agradecido.

Hoy al levantarme me han rodeado
sanitarios, doctores, enfermeras de todos los colores,
aunque en realidad sabía que eran ángeles sabios.
Y entonces, me he sentido seguro.

Hoy al mirar a mi alrededor
lo que vi fue una inmensidad
de gente que solo quería mi bien.
Y entonces, supe que había escapado del infierno.

Dios se alejó
para dejarnos sitio

NUNCA ESTÁ

¿Miras
y no ves allí
lo que ansias
encontrar?

Nunca está.

Pero no dejes
de mirar.
Ese desengaño
nos hace

precisamente humanos.

FALTO. NADA. TODO. PLENO

FALTO.
NADA.
TODO.
PLENO.
¿Palabras
nunca antes
proferidas,
unos versos
no escritos?

La vanidad,
el vértigo...

¿Avanzamos
o repetimos
un drama
compuesto
en la luz inicial
del primer anhelo,
en la prístina emoción
que insufló
presencia
allá donde no
la había?

Ideas
nunca antes
pensadas.
Sentimientos
nunca percibidos.

La curiosidad,
el riesgo...

¿Acaso
algo más
que el silencio
inefable,
que la expresión
desnuda
de un escalofrío
sin nombre
ni causa
ni efecto
ni juicio?

¿Acaso
existir tiene significado?
¿Hay un fin, un origen?

¿Palabras para llegar a dónde nadie estuvo?
¿Un punto culminante? ¿Un sinsentido?

Siempre acechando
la ansiedad, el absurdo...

FALTO.
NADA.
TODO.
PLENO.
(Y que queden
las palabras
proferidas
y los versos,
escritos).

PORQUE NO SIEMPRE QUEREMOS MÁS LUZ

A veces la realidad
hace fundidos a negro
para comenzar de cero.

Nos muestra abismos
que por esenciales
la claridad aleja.

Porque no siempre
queremos más luz.

La oscuridad puede ser
un buen lugar donde esconderse
cuando el sol deslumbra.

No es de llama y fulgor si no de noche,
la espada que corta la memoria y nos resguarda
para darnos una segunda oportunidad.

Porque no siempre
queremos más luz.

No brillar.
No encender.
No enfocar.

No recoger
el último
detalle.

Porque no siempre
queremos más luz.

No verlo todo.
No evitar
lo velado.

No vivir
continuamente expuestos,
violentamente iluminados.

Porque no siempre
queremos más luz.

LO LLAMO VIDA

Me dejo caer.
Me vacío
hasta lo nimio,
hasta ocultarme
tras el último
vestigio.

Vuelo
y me expando.
Me libero
dejándome llevar
por el más leve
golpe de viento.

Participo
de lo que sucedió:
la Palabra
que hundió
su voz
en el prodigio.

Espíritu
que se quiso
vivo.

Latido
originario.
Luz.

Lo llamo
Dios

pero sé
que me
acerco
más,
si a eso
inefable

lo llamo
Amor.

Lo
más
íntimo,
profundo
de mí
mismo.

Lo llamo
Sentido.

Ni división
ni conjunto,

ni grito
ni silencio,
ni presencia
ni ausencia.

Lo llamo
Origen.

Soplo
primordial,
belleza
que se imaginó
equilibrio
y armonía.

Lo llamo
Misterio.

Nunca
donde pueda
buscarse.
Nunca
donde pueda
encontrarse.

Lo llamo
Vida Plena.

NOS LO CUENTA EL HIJO

Nuestro Dios
es un Dios escondido.

La pregunta surge perturbadora:
pero ¿dónde se esconde?

La buena noticia nos conforta:
en su Hijo.

Es Él su respuesta y relato,
su silencio y su grito.

Todo lo que sabemos
del Padre

nos lo cuenta
el Hijo.

El abismo es al espacio
lo que la angustia al tiempo.

POR QUÉ VOLVISTE

«Aparta de mí este cáliz» (Lc, 22, 39-46)

Por qué volviste
si te ibas a ir.

Por qué
me sacaste
de mi soledad
para arrojarme
de nuevo al vacío.

Por qué
me permitiste
tocar un cielo
tan esquivo
como cruel.

Por qué
se me concedió
tenerte cerca,
si la plenitud
no venía a quedarse.

Me mostraste
un camino
que yo confundí

con el final
de la espera.

Por qué volviste
si no podía huir.

FUISTE TODO PARA MÍ

Fuiste todo
para mí,
luego te olvidé.
Dejé de buscarte
bajo el estruendo
de los últimos
árboles caídos
y me fui tan solo
como había llegado.
Eras silencio
y te confundí
con el trueno.
La lluvia cesó
y el viento quedó
cosido a tu recuerdo.
El anochecer,
otra vez inoportuno,
se adelantó al tiempo.
Me derribaste.
No me importó.
Porque no quedaba
lugar donde guarecerse,
ni ramas para hacer
una cruz en el suelo,
ni tallos para inventar
resplandecientes
futuras primaveras.

CON MI TRISTEZA

Emponzoñé
el paisaje con mi tristeza.
Transmití
a su hondón transparente
mi más
álgido pesimismo.

Troqué
en negro dibujo
lo vital,
en estampa en sepia
la naturaleza
que me acogía.

Substraje
de la realidad
los ensueños,
fui polizón ofuscado,
receloso, desabrido.

Nunca me lo perdonaron
ni los invernizos bosques
ni la luz postrera del atardecer
ni el rumor voraginoso
de los plateados ríos.

A VECES, LA VIDA NOS CONFUNDE

A veces, la vida nos confunde:

El olor de la flor se mezcla
con el de la tumba donde crece.
El paisaje más encantador
es el lugar de la más feroz batalla.
¡Cómo diferenciar el beso imposible
del beso que nunca fue!
Los mismos colores que adornan el atardecer
son los que espuman la sangre de una herida.

A veces, la vida se traspapela.

FALSO PROFETA

Cuando vengas, no malgastes
las riquezas del mundo en denuncias de negro
[recorrido.
No cuentes tan despacio
que el sol termine abrasándonos.
No permitas que el futuro rebote en las piedras.
Fue tu pesadilla la que derribó la última fortaleza
[de las flores.

Aunque... mejor no vengas ni te malgastes:
que no hay disfraces más allá del baile,
que el futuro negará incluso tus verdades,
que el caballo se va a desbocar
(hay niños en las calles y plazas)
y tú nunca serás el jinete capaz de pararlo.

SIN RECONOCERSE

El vacío se rompió en un caos
de imágenes y furia.

Apuñaló voraz el espacio
con la daga del tiempo.

El azar, desbaratado el mundo,
se escondió para no repetirse.

La muerte de la vida
y la vida de la muerte

han cruzado desde entonces
miradas sin reconocerse.

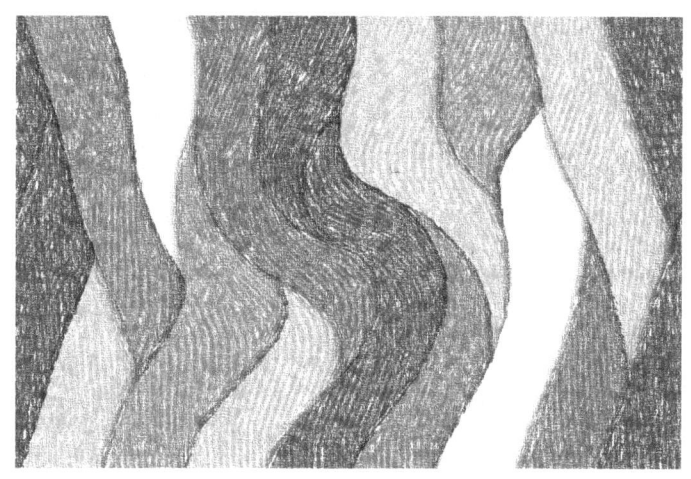

Donde el amor vibra
la vida resuena.

MEDITACIÓN

Ondas de silencio interior
propagan un mensaje al Universo.

Espacio íntimo de meditación
devenido confín espiritual del intelecto.

Cuerpo en vibración.
Génesis recóndita del momento.

Naturaleza en llamas de pasión
para encender la Palabra desde dentro.

LOS DIOSES CUANDO SUEÑAN

«La eternidad está enamorada de las obras del tiempo
William Blake

Los dioses cuando sueñan
sueñan el devenir del mundo.
Añoran la belleza de lo efímero:
la flor, el agua, el pájaro,
los frágiles humanos.

A lo oculto
le fascina la presencia,
a las potencias numinosas
el acto inaugural.

El circuito hermético
no está completo
sin el pórtico del aparecer.

La eternidad
suspira enamorada

por las obras del tiempo.

UN ECO PREÑADO DE VERDAD

Escuchar
la imposible cadencia
del silencio.

Extasiarse
por las palabras
aun no reveladas.

Asombrarse
ante el osado disfraz
de lo secreto.

Y solo así
asomarse a los límites
y aun rebosar.

Y solo así
ganarse tal vez
el derecho a amar.

Siento tu presencia
como el rebotar de un eco
preñado de verdad.

ERES

Eres
el aquí y el ahora
de mi deseo.

LO QUE QUEDA CUANDO SIGUE SU CAMINO PASÁNDONOS DE LARGO

Es lo que queda
cuando sigue su camino
pasándonos de largo:
Un vacío destellando
en espejos desmoronados.
La terca verdad
de rostros
irreversiblemente
fundidos al negro.
Las manos
que ya no sabrán
compartir el calor
de otras manos.
Ese espacio sin tiempo
donde ya no corre el aire
ni fluye la vida
ni habita el sentido.

Es lo que queda
cuando sigue su camino
pasándonos de largo:
Consumir con poca gana
lo que no necesitamos.

Practicar ese ocio
culto e inteligente
que nos deja
apenas satisfechos.
Minimizar los riesgos
maximizando el beneficio.
Dejarse anestesiar
por una complacencia
amistosa, familiar.
Vivir una vida
tan razonablemente honesta
como cínicamente interesada.

Si no lo acogemos,
un vacío, una oquedad,
será lo único que nos quede
cuando pase de largo.
El Espíritu sopla libre
para incendiarnos,
pero elegimos
el cómodo pasar,
lo tibio, la indiferencia;
un hedonismo bonachón
que nos anestesia el alma,
atando nuestras entrañas
para que no se conmuevan

con la vida y la suerte
de tanta gente:
esa mala suerte que creemos
nunca nos podría alcanzar.

Nada queda
si el Espíritu llega
y no lo acogemos.
Porque no habrá sitio ya
para la compasión,
la sabiduría o los misterios
si Él pasa de largo.
Solo un vago recuerdo,
vestigios adormecidos;
la dolorosa levedad
de un roce que una vez
fue consolador y apasionado.
Una dulzura agriada que,
herida de desesperanza,
nos irá sumiendo más y más
en un pozo seco que pudo
ser el más hermoso fontanal.

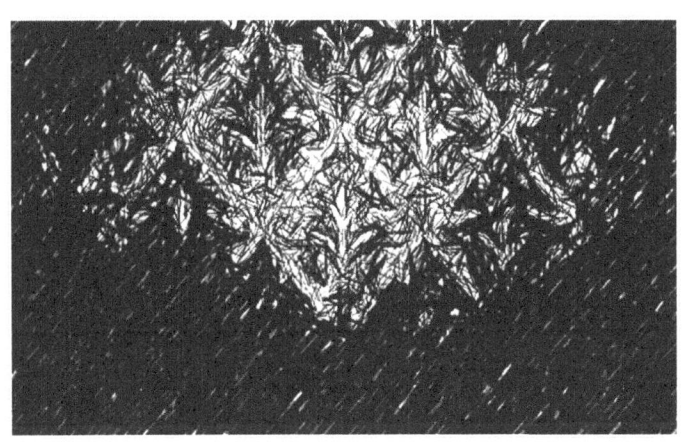

La forma seduce a los sentidos
y el fondo los trasciende.
La forma revela
la sabiduría velada del fondo.

ES PERFECTO   ¿NADA?

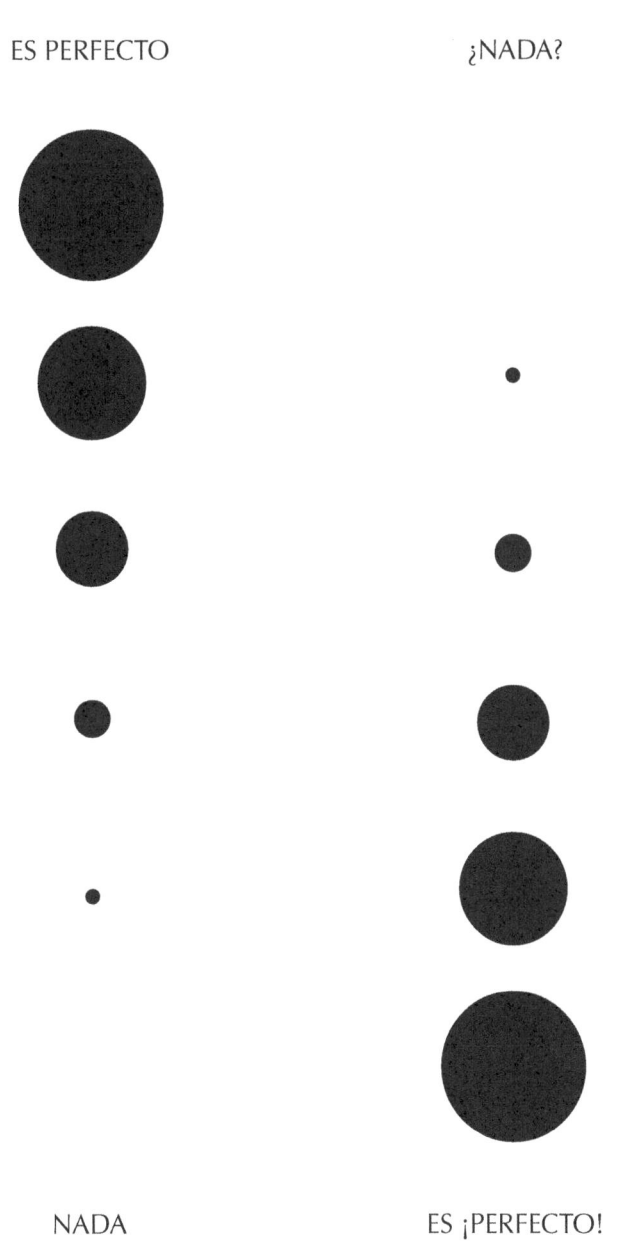

NADA   ES ¡PERFECTO!

ES ¡PERFECTO!

El símbolo permanece.
Es lo inalterable del mensaje.

Lo oculto revelado.
Lo eternal llevado al momento.

El símbolo es la llave de un tesoro.
Une lo que aparece y lo que preexiste.

El símbolo transcurre. Cuenta un relato.
ES ¡PERFECTO!

SABIDURÍA

Deseo de conocer: alas y viento.
Deseo que acontece: sabiduría y piedad.

Encuentros entre opuestos que no lo son.
Acuerdos entre el ruido y el azar.

LAS PALABRAS

Las palabras son frágiles.
Tienen una vida efímera.

Sobreviven en lo que se convierten.
Se conservan en lo que ya no son.

Y, aunque mueren escritas,
en el corazón leídas...

¡resucitan!

SIN MÍ

A veces
no te recuerdo
y la vida
sigue sin mí.

NO SOY LA FLOR

¿Quién eres?
No soy la flor.

¿A qué hueles?
No soy la flor.

¿Quién te cuidó?
No soy la flor.

¿Qué haces en el jardín?
No soy la flor.

¿Por qué te marchitas?
No soy la flor.

(Estoy aquí, solo
y necesitado de primavera).

(Estoy aquí, solo
y necesitado de belleza).

(Estoy aquí, solo
y necesitado de certidumbres).

(Estoy aquí, solo
y necesitado de ti).

¿Quién eres?
No soy la flor.

Amar nos hace seres divinos
y, mejor aún, nos hace seres humanos.

SACERDOCIO UNIVERSAL

Jesús fue
un sanador, rabí
galileo e itinerante
que pasó
haciendo el bien.

Trabajó por una sociedad
en la que débiles,
pequeños y últimos,
son los más valiosos.
Justa, igualitaria, en paz.

Cristo es
el ser humano glorificado,
el ser humano divinizado,
ni varón
ni mujer.

Y por Cristo
estamos convocados
al Sacerdocio Universal:
su manera genial
de seguir con nosotros.

Pero quienes mandan
siguen defendiendo
que solo los varones
pueden ser sacerdotes.

Que la dignidad
de Cristo
solo puede revestir
hombros masculinos.

El Pueblo de Dios
sufre
este nada evangélico
desatino

de ansias
de poder,
de clasismo
y patriarcado.

Cristo vive
y somos sus vicarios:
todos, todas,
varones y mujeres.

PASIÓN – PASCUA

Tentados
por la gran tentación:
llegar a ser como Dios.

Receptores
de la Mejor Noticia:
llegar a ser en Dios.

A la ardua
construcción del Reino
llamamos Humanidad – Pasión.

Y al éxito
del Amor definitivo
Vida – Pascua de Resurrección.

ME AMAS Y SOY ESE AMOR QUE ERES

Me amas
y Soy
ese amor
que
Eres.

Amor
en plena
profunda
humanidad,
en completa
íntima
divinidad.

Signo
apuntando
a unas chispas
insignificantes
que buscan
el Fuego
Único y
Primordial.

Destellos.
Luz primera
de seres
emergiendo
puros, atónitos,
sintientes

desde las entrañas
de la no existencia,
para adentrarse
sin destino
y sin memoria,
en el Tú necesario
de un Yo en Trinidad.

NINGUNA SE PIERDE

Homenaje a unas iraníes valientes
que luchan contra la aberración teocrática

Ninguna se pierde
permaneciendo
en la mirada del otro.

Ninguna se pierde
siendo capaz
de ser amada.

Ninguna se pierde
sirviendo
a los pequeños.

Ninguna se pierde
mirando al mundo
con compasión.

Ninguna se pierde
luchando sin violencia
a alma y cabello descubiertos.

TODOS, TODAS...
Y TODAS LAS COSAS EN DIOS

Lo divinal
se ha hecho humano
para que lo humano
se haga uno con Dios.

La revelación esencial:
todos somos el Hijo,
semilla de lo divino
transformada en fruto y flor.

Misterio de vida,
Espíritu de gratuidad:
Encarnación.

Lo divinal
se ha hecho humano
para que lo humano
se haga uno con Dios.

Umbral perfecto.
Conocimiento.
Camino. Don.
Relación.

Hermandad,
sangre entregada:
Filiación de amor.

Lo divinal
se ha hecho humano
para que lo humano
se haga uno con Dios.

Habitar
un encuentro.
Salir del yo.
Comunión.

Todos, todas...
y todas las cosas
en Dios.

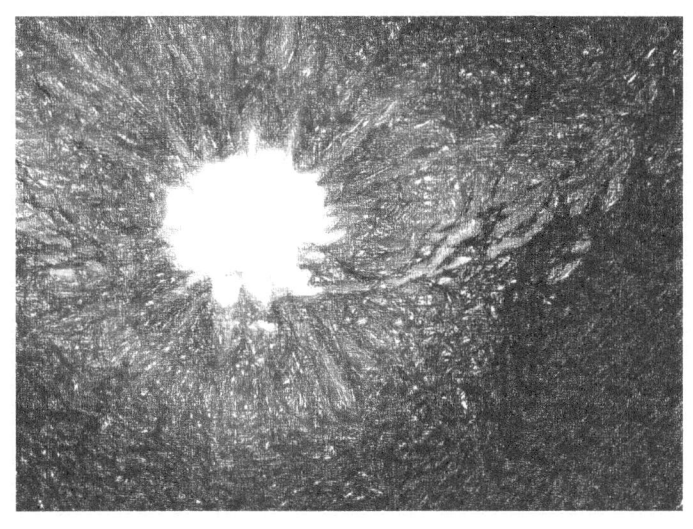

Somos fruto del Todo
y semilla de lo Uno.

REGALO...

Es un regalo
exclusivo,
inesperado.

Que llega
sin palabras,
sin pasado.

Solo porque Tú
eres Amor
y yo el amado.

Me agrando
en hacerme niño
como respuesta a tu abrazo.

Soy en Ti,
brillo en la hondura
de tu infinito agasajo.

... Y GRACIA

La gracia no se agradece,
la bendición ya habla bien.

Nada pues hay que deber
ni nada que devolver.

Si desconozco el camino
tu huella me deja ver.

Y aunque me desnude el día
me adorna tu anochecer.

FRUTO DEL TODO.
DON DE LO UNO

Soy fruto
del Todo.
Soy don
de lo Uno.

Soy
del mar
la ola.
Del aire
suspiro.

Soy
el presente
que fue,
el que seré
en el futuro.

Soy fruto
del Todo.
Soy don
de lo Uno

Y CÓMO DESEO QUE ME ENCUENTRES ALLÍ

Ya no pediré cuentas
por cada palabra vana.

Voy a vivir mi ahora
según el paradigma
insuperable de la época:

como si no hubiera un dios,
como si mi línea se quebrase
un día y para siempre.

Ya no volveré a vender
aquello que no poseo en plenitud.

Voy a vivir mi mañana
en los márgenes de la existencia,
en las fronteras del abismo.

Ya no saldré a buscar aquello
que nunca habré de recordar.

Voy a adentrarme sin miedo
al más oscuro de los lugares

(y cómo deseo que me encuentres allí).

*No está en el Ser de Dios buscarnos,
sino encontrarnos.
No está en el ser humano encontrarlo,
sino buscarlo.*

CIENCIA Y MÍSTICA

Ciencia.
El instrumento para retirar
el velo de lo que se oculta
y que hasta su llegada
nunca se pudo explicar.
Poesía numérica
de lo inefable.
Lengua franca
del misticismo
y la realidad.

Ciencia y Mística.
Dos sabrosos frutos
de la inteligencia humana.
Dos perfectos instrumentos
para nuestra más innata,
inevitable búsqueda vital:
la que siempre ha inventado
caminos de saber y belleza,
de compasión y justicia,
de armonía y de verdad.

DESDE EL PRIMER PENTECOSTÉS

FORMO PARTE
de lo que no tiene
un nombre ni un antes
ni un mañana.

FORMO PARTE
de lo que no está aquí ni allí
ni en el ocaso
ni en la alborada.

FORMO PARTE
de un devenir sin huella
ni término
ni morada.

FORMO PARTE
de lo que existe
fuera del Todo
y dentro de la Nada.

FORMO PARTE
DEL ESPÍRITU,
las ascuas de un Amor
que abrasa.

FORMO PARTE
DE LA RUAH,
del empuje de un Soplo
que nos desata.

ACASO EN EL COSMOS

¿Acaso
en el Cosmos

algo surge
a la vida
completo (perfecto)?

Porque aquello
que nace
inmóvil,

inmutable,
nace
ya muerto.

Por eso
el auténtico
encuentro

está siempre
en camino
y el cambio

guarda
en sus huellas
lo eterno.

La Realidad
sustenta en Sí
la rebelión del anhelo.

Un tenso acuerdo
entre novedad,
destino y empeño.

ORAR

Orar
no es hablar
con Dios.
No es un Tú y un yo
conversando.

Orar
es el Espíritu
en nosotros
a Dios
manifestando.

Orar
es dejarse traspasar
por Cristo,
el hermano mayor que
a todos nos hizo hijos.

Orar
es el encuentro
del Padre-Abbá
con sus hijas e hijos
más queridos.

EL ESPACIO, EL TIEMPO, EL SER

Somos un relato
a la vez de letargo
e insurrección.

Brillo de hielo
en la mirada,
pasión en el corazón.

Somos indiferencia y compromiso;
fidelidad, testimonio y traición.

Receptores de la Buena Nueva,
causa de desconsuelo y dolor.

Somos palabras en el viento.
Símbolo y signo:
Encarnación.

Arcano inconcebible
para el ser humano:
Sacramento amado de Dios.

Somos Misterio y hondura.
Él: nuestro más genuino yo.

Intimidad de lo siempre Otro.
Palabra en ocultación.

Naturaleza
que intuye en lo sagrado
su envés y su valor.

Humana búsqueda.
Numinoso encuentro.

Materializarse
y transcender el espacio,
el tiempo, el ser.

Somos seres en relación,
sin relaciones somos seres rela… tivamente.

... SEGUIREMOS PESCANDO

El tiempo de los mortales
siempre esconde
un arma de doble filo
que hunde su hoja
ya sea sanando o infectando.

Podemos aun
afianzar los lazos
y madurar relaciones,
o malograr lo poco
que hemos ido consolidando.

La humanidad es una red de pescador:
los nudos nos representan,
la urdimbre nos fortalece.
Si resisten nuestros brazos...
seguiremos pescando.

ES TU AMISTAD

Lograrlo
no nos hace felices.
Lo que nos hace felices
es poderlo intentar.

Llegar a la meta
no nos hace fuertes.
Lo que nos hace fuertes
es caminar.

La oración
no nos hace mejores.
Lo que nos hace mejores
es Tu amistad.

¡BASTA DE PASTORES!

Hasta cuando pediremos pastores,
incluso buenos pastores
o el mismísimo buen pastor,
si ya hay quien nos cuida,
la respuesta a todas nuestras preguntas.
Es nuestro hermano mayor, el mejor aliado:
el Hijo de Dios y del Hombre. El Maestro
que perdona nuestros desvaríos y nos respeta,
que nos muestra el camino y cómo recorrerlo,
que nos quiso siempre de su lado
no como ovejas sino como amigos.
Pongamos al día las metáforas,
los relatos y las parábolas.
Actualicemos la Buena Noticia
para que siga acompañándonos
la Luz escrita de su esperanza.

Y EL MUNDO CAMBIÓ

Mi huella
te precedió
y me sentí útil
en el laberinto
de tus misterios.

Tu ánimo
desbordó
el dolor
y la herida
sanó.

Fuiste mi tú
y fui tu yo.
Nos levantamos
reconociéndonos…
y el mundo cambió.

CABE LA ESFINGE

El encuentro definitivo
entre el espanto ante los colosos
y un conocimiento ancestral.

Responder solos e indefensos
cabe la esfinge juiciosa y temible
la pregunta que aún nos permita avanzar.

Y en la inocencia retornada
vernos rostro contra Rostro
maduros de divina humanidad.

*Dios es uno de los nombres
de un Misterio innombrable.*

LO LLAMAMOS DIOS
(CREO QUE LE GUSTA)

Humanidad
de plagas y de guerras,
de hastíos y desastre.

¿Acaso todo está escrito
en un caótico girón arrancado
del telar de la historia?

¿Tan solo un bucle
incrustado en la memoria
de un demiurgo ancestral?

¿Un producto
de la más implacable
de las leyes?

¿Una norma
exigente,
inmaculada,

a cal
y a canto
sellada?

¿Solo horror original?
¿Memoria o aliento
de un vuelo fallido?

¿Nunca hubo
algo parecido
al amor primero?

¿La posibilidad
de unas alas
recuperadas?

¿Una voluntad
anterior a la faz
y a su reverso?...

Hay respuesta:
un inverosímil
prodigio de luz,

el camino fontal,
un misterio dador
de puro sentido,

la utopía fundante.
Lo llamamos Dios
(creo que le gusta).

REALIDAD. DANZA. DON

Realidad:
Incansable
danza de la vida.
Bucle creador
donde fluye
la materia,
lo humano
y lo divino:
hondura,
y perfección.

Verdad
en esencia
y alcance.
Manantial
de vida nueva
y esperanza.
Plena atención
al misterio
accesible
del don.

Confundimos
destino
con deseos.
Avanzamos
balbucientes,
débiles,
valientes.
Derviches
girando
en rededor.

Realidad.

Danza.

Plenitud.

Don.

DESAPARECER... REENCONTRARSE

Desaparecer... reencontrarse.

Necesitar tanto el tiempo para seguir
como el espacio para perderse.

Existir aquí y ahora, pleno e imperfecto,
consciencia que aspira revelar el Ser.

No hay espacio para la última palabra
ni tiempo para la definitiva comprensión.

Desaparecer (=yo), reencontrarse (=tú).
Solo el «nosotros» procura certezas.

El silencio es real, intimidante,
y la soledad no tarda en desbaratarnos.

No importa lo que yo tenga
sino lo que tú necesitas.

Y no pretendo destrozar una margarita
para reconocer tu amor.

Desaparecer (=Dios), reencontrarse (=Cosmos)
en promesa y confianza (=Humanidad).

Soy si Tú estás siendo.
Vivo porque Tú estás vivo.

Se nos ha dado la Presencia
(=Totalidad en el momento exacto).

Morir (=la Gran Muerte).
Vivir (=la Gran Vida).

Desaparecer… reencontrarse.

LO IGUAL EN LO MISMO

Me acerco
a la nube del Misterio,
al puro Existir.

En Eso inefable
reconozco la terna sagrada:
Espíritu, Padre, Hijo.

En la meditación
me dejo vivir
por la Vida que es.

En la contemplación
me dejo abrazar
por el Amor que soy.

Meditación.
Contemplación.
Lo igual en lo mismo.

La belleza del camino precede a la del encuentro.
La belleza del encuentro, a la del camino.

SU MISMA ESENCIA

Miro al horizonte
y comparto
su misma esencia.

Le pertenezco
en igual medida
que él me pertenece.

Abarco
la esfera de vida
a mi alrededor:

una mirada
para un pequeño
gran todo.

El cosmos, lo humano,
la misma esencia,
el mismo ser.

EL SECRETO DE LA MAÑANA

Paseaba sin prisa, absorto, dejándome llevar
a través de uno de esos atardeceres tranquilos, leves,
casi tímidos y, entonces, algo reclamó mi atención,
una pequeña flor no especialmente singular
ni hermosa.

Al acercarme a ella y ante mi absoluto asombro,
me asegura con voz aterciopelada tener el secreto
de la mañana, escondido en el tercer pétalo
contando éste a partir del que se ve con
un minúsculo mordisco de escarabajo negro.
Seguí mi camino, preguntándome si esas palabras
habían sido ensueño o realidad.

Alcé mis ojos buscando respuestas más altas que
yo mismo, pero los árboles, ya se sabe, solo le dan
conversación al viento y las montañas apenas tienen
palabras para su gran vecino: el horizonte.

Con el ánimo inquieto, mi andar meditabundo
me llevó al remanso de un río. Unos cuantos chopos
altos y profundos, una pradera verde y una fuente
musgosa y solitaria, conformaban un lugar perfecto
para el descanso de cualquier caminante atribulado.

Agua. Brisa. El cálido frescor de un lugar armonioso,
silvestre y perfecto. Parecía como si las cosas
llevasen allí, intactas, desde el albor de los tiempos.

Una vez refrescada la nuca y humedecidos
los labios en el surtidor, me vino a la cabeza,
de repente, la convicción de que acaso las palabras

de la flor no debieran turbarme ni fueran
tan absurdas o enigmáticas después de todo.

Siguiendo por la frondosa ribera del río, ya más
apaciguado, desmenuzando agradecido la sabiduría
humilde y ancestral de la flor, alcancé a ver
un arroyuelo que, naciendo de un manantial cercano,
terminaba en aquél a la manera liviana y sonora
del agua cuando se recoge en sí misma.

Sentada a la orilla, una mujer joven cuya presencia
no había percibido hasta entonces, estaba tirando
piedrecitas a la corriente.

Me acerqué a ella. Olía a hierba, a flores silvestres,
a agua filtrada. Y resonaron de nuevo en mí,
fragantes y vivas, esas herméticas palabras
antes proferidas.

Y sin la más mínima duda, lo supe: ella tenía
el secreto de la mañana, escondido en la uña
del tercer dedo de la mano izquierda,
contando aquel a partir del que se ve
con una pequeña herida producida
por la espina de una flor…
Entonces lo supe:

LO SUPE ¡TODO!

Lo supe.
No hizo falta
una revelación
ni apelar
a un recuerdo
de repente vívido.

Lo supe
en cuanto las nubes
se deshicieron
y el azul
apuntó directo
a mis pupilas.

Lo supe.
Como se sabe
lo que no es obvio,
pero se impone como silencio
al más estruendoso
de los gritos.

Lo supe
y en el mundo
ningún leve
vuelo
animó lejanas
tormentas.

Lo supe
y nadie notó
ese latido
que no fue,
ese pensamiento
que murió de luz.

Lo supe.
Ni antes
ni después.
Ni dentro
ni fuera.

LO SUPE ¡TODO!

EL INFINITO EN UN JUNCO

Si escribo y lo lees
consigo hacer un milagro:
que tus ojos escuchen
mis palabras.

Homenaje ínfimo al prodigioso libro de Irene Vallejo.

NO DISTINTOS. NO DOS. NO SEPARADOS

No hay distancia,
que es lo mismo que decir
que no distingo
un intervalo entre nosotros,

o más bien
que no lo reconozco,
que no puedo aceptar
ocupar un lugar distinto al tuyo.

No sé si a ti te pasará lo mismo,
después de todo
tú eres mar, bosque, horizonte,
y yo un ser minúsculo.

La luz diferencia un espacio
para quien pueda verlo
y tú, como buen paisaje,
eres duro de ojos y de oído.

Pero me da igual,
no existe la distancia entre nosotros,
aunque solo sea porque mis palabras
y tu belleza están ahora en lo mismo

y porque tu silueta,
iluminada de atardecer,
aúna mi retina y tu esplendor:
no distintos, no dos, no separados.

Si miramos bien a Dios
nos vemos nosotros mismos.
Y si nos miramos bien…
vemos a Dios.

BENDICIONES QUE VAN
DEL PADRE AL HIJO

Cuando rezo al Padre
mi oración confiada viaja en libertad
hacia una no distancia que me transciende.
Cuando hablo con el Hijo, sin embargo,
nos unimos en un ardiente abrazo,
en una cercanía de regazo y semejanza.

Las periferias inalcanzables de Dios
devienen en proximidad total con Jesús.
El Absoluto es un misterio inaprensible,
Solo el ser en relación, Hijo del Hombre,
nos pertenece sin separación.

Mis palabras no se pretenden
cimientos de fe o voz primera,
acaso sí susurro, frontera; un vínculo
entre lo oculto y lo sabido:
bendiciones que van y vienen del Padre al Hijo.

LLUEVE DIOS

Llueve Dios
y me empapa.
Sudo Hombre
y riego el Misterio.

Soy Espíritu en carne viva.
Soy Materia sagrada.

No hay Dios
sin Ser Humano.
No hay Ser Humano
sin Dios.

ENCARNACIÓN

Encarnación.

El Misterio
del por qué.

Encarnación.

El argumento
del Ser.

Encarnación.

El núcleo
de nuestra Fe.

Encarnación.

El Milagro
del acontecer.

Encarnación.

La manera
en que Dios Es.

MI PRÓJIMO, MI IGUAL, MI COMETIDO

Si te escucho,
aunque calles
te entiendo.

Si te miro,
aunque me ciegues
te percibo.

Si te cojo la mano,
enteramente en mí
te toco.

Nunca solo,
estoy
en Dios

(otra forma de decir
estoy
contigo:

mi igual,
mi prójimo,
mi cometido).

«AMAREXISTIR»

Amarexistir
como forma de estar en el mundo:

osadía imposible de espíritu y materia,
equilibrio que nos tensa para avanzar.

Amarexistir
como respuesta a la palabra inefable:

silencio preñado por el Ser que quiso ser Don de Sí
legándonos un linaje de amor y sangre (cósmica,
                                    [eucarística, divinal).

Amarexistir
como Fe-Esperanza-Amor:

un nuevo verbo para armonizar el alfa y el omega,
la luz del Apocalipsis junto al fuego ancestral.

Amarexistir

como puro adentrarnos en el Misterio lúcido y
[tenebroso:

símbolo de un velo desvelado,
confianza en una nueva y redimida Humanidad.

Amarexistir

como voluntad de ternura apasionada:

palabra viva, acto que siempre nos devuelve
Bondad, Belleza y Verdad.

... ... RIMA CON VIVIR

A menudo confundimos apariencia y realidad,
vivencia con supervivencia. ¿Cómo saber si estamos
siendo heridos o curados por la vida? ¿Si formamos
parte o no de esa verdad tan a ras, tan eterna y
fugaz que parece mentira?

¿Cómo habitar este tiempo compartido, vivo,
si no sabemos qué significa ni cómo interpretarlo?
Sospechamos que nunca es lineal ni cíclico
ni histórico, que tiene que ver con la densidad
de la existencia y que quizás nada haya más sólido
que él.

Una estructura inconsútil, un único e infinito
momento para entender eso que llamamos «ahora»,
eso que hace posible consolidarnos
a la vez que crea el futuro, eso que siempre
consigue expresarse: en palabras, puntos de vista,
proyectos, golpes, esperanzas, relatos que hacen de
vasos comunicantes para un saber siempre
en movimiento hacia la otredad del prójimo.

AMAREXISTIR, un término para mostrar un diálogo
con cimientos de ternura, un conocimiento
con raíces en el amor, una sabiduría compasiva.

Las hojas de un libro confundiéndose con las hojas
caídas de los árboles, tierra renovada,
nacimientos entreverados de muerte y resurrección.

Las palabras forman surcos en esa misma tierra,
como señales en la corriente, como formas

escondidas tras el arco iris o la escala musical
del viento.

Un grito o un silencio pueden ser del color y el olor
de una tarde de lluvia, de una mañana fragrante,
de una noche de nubes iluminadas por una luna
ausente.

Así, incesantemente, las palabras se hacen
conversación, confidencia, abrazo que pide
interlocutores para no nacer muertas.

Vivir es una acción sin principio ni término.
Es aquello que expresa la palabra básica, primera:
TÚ-YO. Es hondura y horizonte, el ya aquí
pero el todavía un poco más allá: nuestro hogar.

Vivir es el único lugar donde recibir
la Buena Noticia, la que proclama: es posible Ser
en Relación, Ser para el Encuentro, Ser para el Amor
y para el Amado.

Doy gracias por la felicidad, por la comunicación,
por el asombro y la belleza, por la riqueza del beso
al que nos entregamos, por sabernos símbolo amado
de lo Simbolizado.

AMAREXISTIR no es una inocente llamada
a la excelencia, no está descrita en sitio alguno
ni pertenece a nadie. No es mera especulación
entre huellas ni un comienzo ni un «¡llegué!».
Es darse, gastarse, luchar por la dignidad absoluta
e innegociable de la humanidad entera.

La vida se tensa y nos fuerza. Entonces,
lo mismo acometemos hazañas imposibles que nos
paralizamos ante la rutina. La fragilidad nos enseña.
También nos empodera.

Somos seres culturales y naturales, seres en función
de los otros, recíprocos y prójimos. Nos valemos
de ciencia, filosofía y mística para vincularnos
trinitariamente con la naturaleza universal,
con lo profundamente humano y con la plenitud
de lo numinoso.

Mi lenguaje ¿se pretende poético?
Me afano mortalmente en parir vida.
¿Conseguiré grabar en su regazo la materialidad
del más evanescente deseo?

AMAREXISTIR: un humilde compendio de
lo deseado y de lo vivido. Fe pequeña de
una persona pequeña entre personas pequeñas
(¡qué grande!).

AMAREXISTIR: Matriz honda y fecunda que
nos alimenta. Horizonte y camino de Sentido.
Leve fluir hacia el próximo encuentro,
hacia la Finalidad última.

AMAREXISTIR: La energía compasiva y poderosa.
La pasión que nos acompaña siempre. La inmensa
fuerza de una palabra que, hermosamente,
rima con VIVIR.

Índice